Ma vie de bébé
De 0 à 3 ans, les mystères de son petit cerveau en développement
by Héloïse Junier and Christophe Besse
© Dunod 2021, Malakoff
Korean language translation rights arranged through Icarias Literary Agency, Republic of Korea.
Korean translation Copyright © 2023 Book's Hill Publishing

이 책의 한국어판 저작권은 Icarias Agency를 통해 Dunod와 독점 계약한 북스힐에 있습니다.
저작권법에 의하여 한국 내에서 보호를 받는 저작물이므로 무단전재와 복제를 금합니다.

엄마 아빠도 모르는 0~3세 베이비 심리

엘로이즈 쥐니에 글 | 크리스토프 베스 그림 | 이수진 옮김

나의 두 딸이자 내 옥시토신(그리고 코르티솔도!)
공식 제공자인 아폴린과 발렌틴에게.

— 엘로이즈 쥐니에

대부분 아기가 처음으로 내뱉는 단어인 '바바'를 두고
아빠들은 대부분 '아빠'로 오해하곤 하지만 실제로 이것은 '엄마'를 뜻하는 말이다.
존경하는 모든 엄마들에게.

— 크리스토프 베스

노아

인문학에 관심이 많은 장난꾸러기. 남들과는 다른 시선으로 어른들의 세계를 바라본다. 마음속에는 부모님에 대한 무한한 애정을 품고 있으며, 놀라운 모험과 같은 '부모가 되는 여정' 속으로 한발 한발 내딛는 부모님을 돕기 위해 노력한다. 커서는 지게차를 운전하고 행복해지고 싶다. 그것만으로도 꽤 괜찮은 삶이다!

뱅상
노아의 아빠

문화 잡지의 저널리스트. 가슴 뛰는 일은 아니지만 그럭저럭 만족스럽게 일하고 있다. 유복하고 보수적인 가정 환경에서 자랐고, 집안의 분위기와 자신이 늘 맞지 않는다고 여겨왔다. 불꽃같은 야망을 가진 아버지와는 다르게, 커리어에 대한 고민보다는 아들과 블록으로 탑을 쌓으며 시간을 보내는 일을 더 좋아한다!

오드리
노아의 엄마

응용수학 박사학위를 취득한 뒤, 국제 은행에서 엔지니어로 일하고 있다. 넉넉하진 않지만 화목하고 언제든 지지해 주는 든든한 가정 환경에서 자랐다. 의도는 더없이 선하지만 완벽주의가 있어 내려놓는 것이 어렵고 매순간이 넘어야 할 산처럼 느껴진다.

마르틴 뱅상의 엄마

부유하고 집을 자주 비우는 남편과 결혼해, 집안에서 외동아들 육아에 전념했다. 늘 사회적 성공과 세속적이고 보수적인 가치에 관한 설교를 늘어놓는다.
곁에 매우 잘 (어쩌면 지나칠 정도로?) 있어주는 할머니로, 손자의 눈부신 미래에 대한 기대에 부풀어 있다.

바스티앙
뱅상의 친구

뱅상의 가장 친한 친구이자 노아의 대부. 18년 전 저널리즘 스쿨에서 뱅상과 처음 만났다. 호의적이고 쾌활한 성격이며 찌든 담배 냄새를 풍긴다. 요리와, 딸과 보내는 시간이 삶의 낙이다.

로렌
바스티앙의 아내

뷰티 업계의 인플루언서. 다른 말로는 SNS에 일상 이야기를 올리고, 잔혹하게 동물 실험을 하고 내분비계 장애물질을 다량 함유한 화장품을 홍보하는 대가로 돈을 번다. 오드리와는 정반대의 인물이다. 겉모습을 중요시하고, 계절을 불문하고 제모의 필요성을 열렬히 외친다.

레아 바스티앙과 로렌의 딸

호기심 많고 대담한 성격을 가진 아이. 엄마가 입혀 주는 화려하고 반짝거리는 원피스가 지긋지긋하다. 자신의 인형 옷과 노아의 못생겼지만 편안한 쫄바지를 맞바꾸면 좋겠다고 생각한다. 어른이 되면 빨갛고 커다란 트럭을 모는 운전사가 되고 싶지만 엄마에게는 아직 말할 용기가 나지 않는다.

클로드
뱅상의 아빠

정유업계 대기업 사장. 환경 보호에는 눈곱만큼도 관심이 없다. 출세는 인생의 전부이고, 커리어 상승에 온 힘을 다하며, 집보다 공항에서 더 많은 시간을 보낸다.

카트린
오드리의 엄마

공공병원에서 간병인으로 일하고 있다. 마음이 따뜻하고 늘 다른 사람을 챙기며, 일을 하지 않을 때에는 가정폭력 피해 여성을 돕는 여러 자원봉사 활동에 매진한다.

로저
오드리의 아빠

은퇴한 전직 경찰관. 새롭게 생긴 취미이자, 온 열정을 쏟고 있는 달리아 키우기가 이제는 삶의 이유가 되었다. 남들이 하는 대로 따르는 것을 싫어하며, 사람들과 어울리는 것도 다소 꺼린다. 북적이는 가족 모임을 늘 피한다.

특별한 날

오늘은 내게 특별한 날이에요. 그것도 아주 특별한 날!

아빠가 두려워하고…

엄마는 염려하며…

잘 헤쳐 나가야 할 텐데!

등원 첫날이랍니다!

이 책을 읽는 독자 여러분은 안심하셔도 돼요. 안 그래도 유치원이라는 새로운 학업의 세계로 나아가는 데 있어, 우리 부모님께 용기와 끈기가 필요할 것 같아서 제가 3년 동안 곁에서 코치했거든요.

부모님이 제 아동기를 튼튼하게 뒷받침할 수 있도록, 제게 견고한 기반을 다져주는 방법을 가르쳐드렸답니다.

이제 여러분들에게 제 이야기, 아니 우리의 이야기를 들려줄게요.

출산 전 시기, 갑작스러운 상륙

생의 첫 번째 날

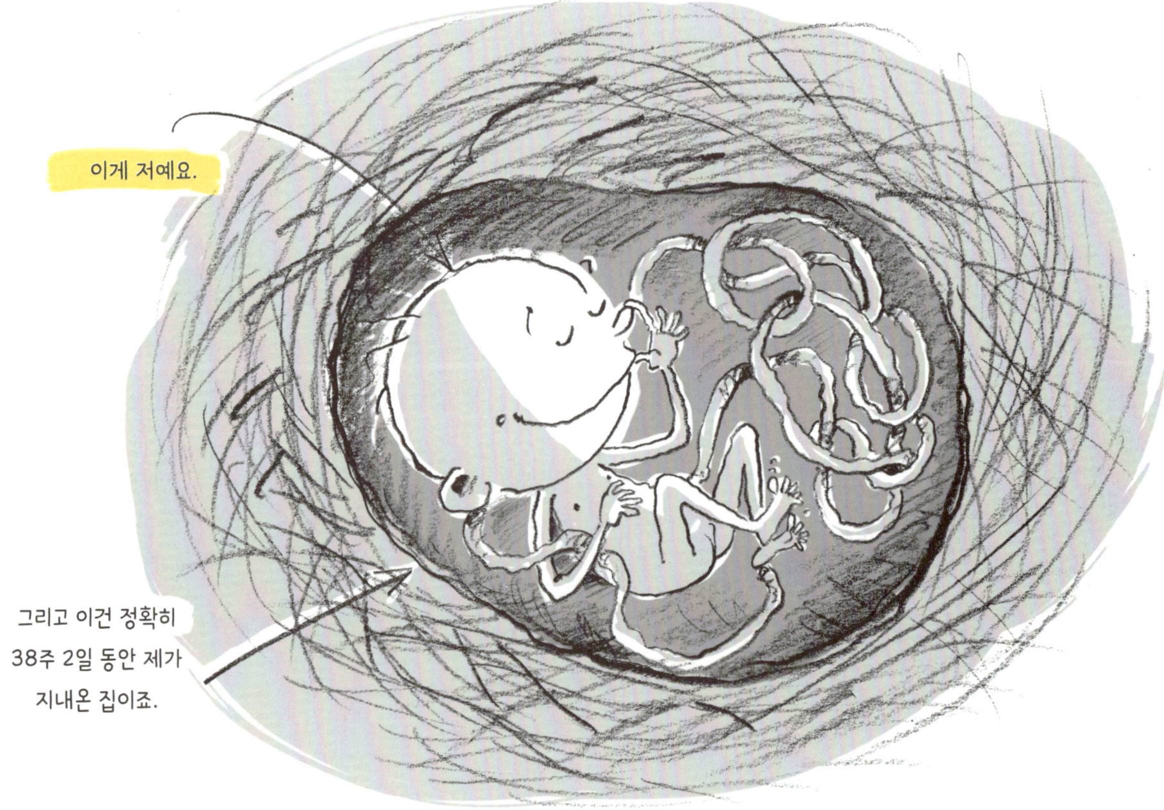

이게 저예요.

그리고 이건 정확히 38주 2일 동안 제가 지내온 집이죠.

여긴 아주 호화스러운 곳이에요. 먹을 게 끊이질 않거든요. 맨날 똑같은 음식인 거 아니냐고요? 아뇨, 양수의 맛은 계속해서 달라진답니다!

이곳에서는 중력도 느껴지지 않고요.

들리나, 휴스턴?

추위도 없어요. 무슨 일이 있어도 37.5도가 유지되죠.
프랑스 생-말로의 해수욕장보다 더 따뜻하다고요!

하지만 아무리 아름다운 이야기라 해도 끝은 있어요. 아니, 시작이라고 해야 할까요? 왜냐하면 지금부터 정확히 3분 26초 후에 저는 밖으로 꺼내지거든요. 이제 제 앞에 삶이 펼쳐질 거예요. 진짜 삶 말이죠.

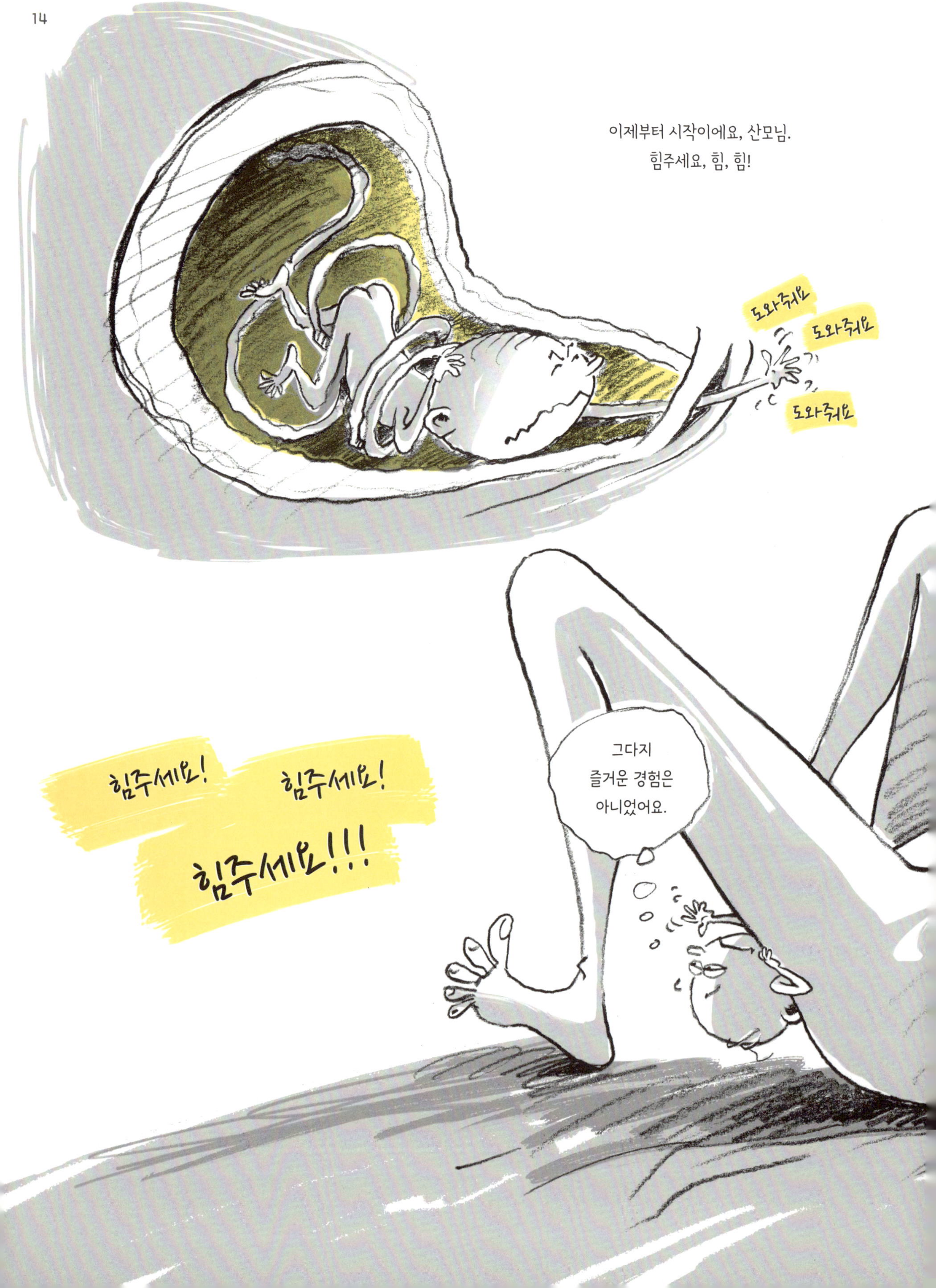

이제부터 시작이에요, 산모님.
힘주세요, 힘, 힘!

도와줘요
도와줘요
도와줘요

힘주세요! 힘주세요!
힘주세요!!!

그다지 즐거운 경험은 아니었어요.

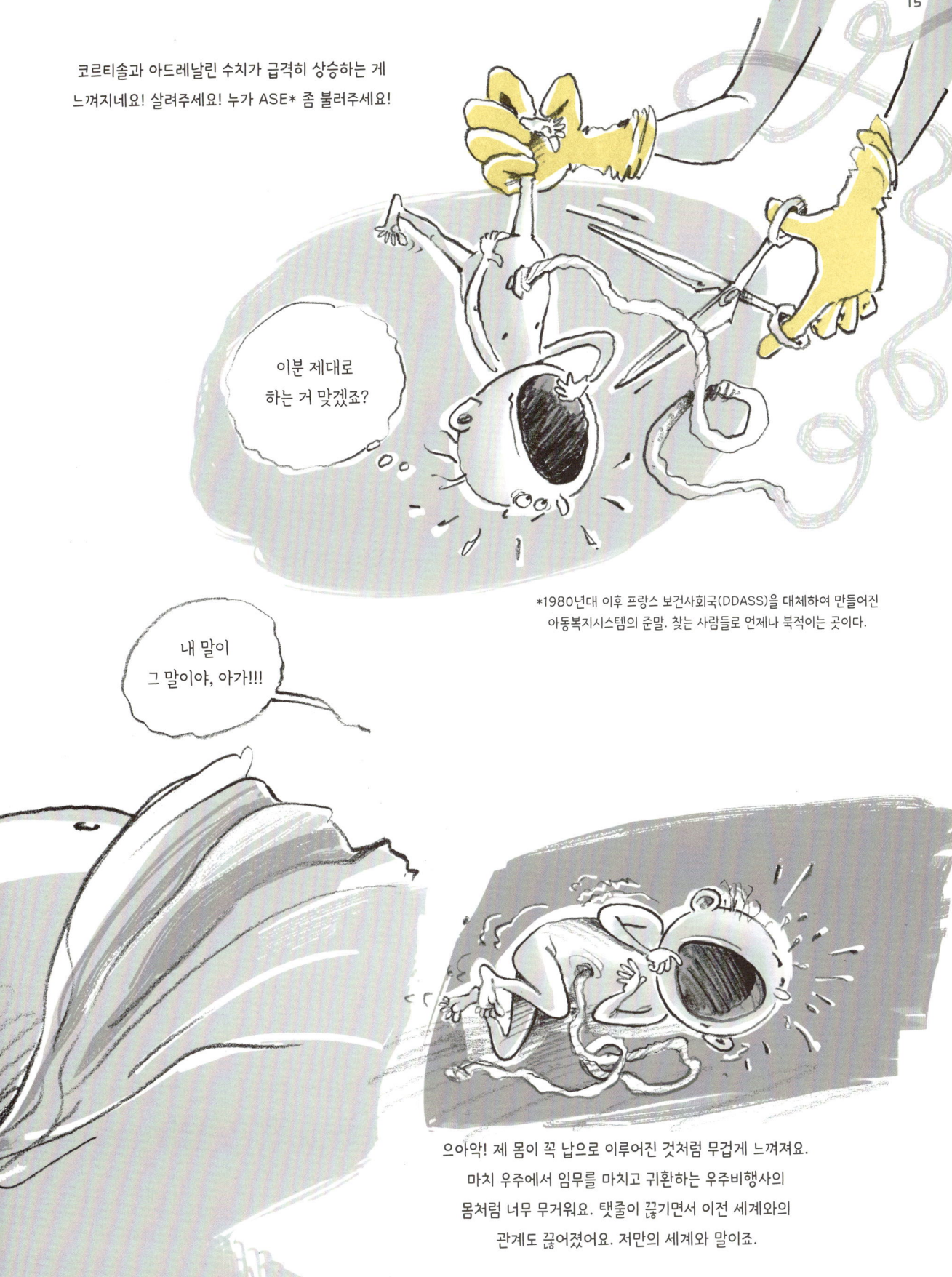

이곳의 온도는 안락하고 따뜻했던 예전의 집보다 무려 15도나 낮은 22도예요. 해수욕을 즐기는 것만 같았던 그때가 까마득히 먼 옛날처럼 느껴지네요.

여러분이 난방이 잘 되던 방을 떠나, 홀딱 벗은 채로 기온이 4도인 밖으로 나왔다고 생각해 보세요!

"우린 널 노아라고 부르기로 했어, 맘에 드니?"

"우릴 부모로 만들어줘서 고마워."

우와, 누군가 절 이토록 반짝이는 눈으로 바라볼 줄은 몰랐어요. 이게 바로 사랑이라는 거겠죠. 저도 두 분을 엄마, 아빠라고 부를게요. 그리고 절 어떻게 대하시든 무조건 엄마, 아빠를 사랑할 거예요.

"30만 년 전에 등장한 현대 인류는 지금까지 약 1만 5천 세대를 거듭해왔어."

"과연 우리가 할 수 있을까?"

"다른 사람들도 다 하는데 우리라고 왜 못하겠어!"

걱정하지 마세요. 다른 모든 부모님처럼 엄마, 아빠도 수없이 많은 실수를 저지를 거고, 청소년이 된 저는 그걸 비난할 거예요. 하지만 저 역시 서른둘에 아빠가 되고 나면 모든 걸 이해할 거예요. 두 분과 저의 정신 건강을 위해서 이제부터 완벽한 부모가 되는 건 포기하세요. 자, 이제 앞으로 일어날 일들을 간략하게 알려드릴게요!

"노아, 네가 우리 곁으로 와서 정말 행복하단다."

흠, 이제부터 일어날 일들을 알아도 행복하실까요? 저는 엄마, 아빠의 수면, 사회생활, 부부생활, 커리어를 빼앗을 거고요. 은행 계좌도 텅텅 비게 만들 거고요. 텔레비전을 보며 보내던 저녁시간도 빼앗을 거예요. 이제 배낭 하나 달랑 메고 지구 반대편으로 훌쩍 떠나는 여행도, 로맨틱한 외식도, 깊게 잠드는 밤도 끝이에요. 늘어지게 자는 주말 아침 늦잠도, 아이 없는 친구 부부와의 만남도, 뜨거운 성생활도 끝이에요. 더 커서는 자동차가 그려진 팬티, 양말, 포스터를 사달라고 조를 거고, 스티커를 거실 곳곳에 붙일 거예요.

"무슨 생각 하고 있을까?"

"태어난 지 이제 하룬데, 아무 생각 없겠지!"

깜빡할 뻔했네요. 두 분은 이제 제 기저귀를 1년에 1470번이나 갈아야 할 거예요. 제가 '깨끗해'질 때까지 계산하면, 총 4410번 정도가 되겠네요!

만 0~1세, '난생 처음'의 시기

쪽쪽이

왜냐고요? 엄마, 아빠가 말썽을 부려서 스트레스로 머리가 터질 것 같아요. 이렇게 울면 스트레스가 좀 해소되거든요. 그게 제가 우는 이유예요! 솔직히 제가 필라테스를 할 수 있나요, 요가나 조깅을 할 수 있나요? 우는 것 말고는 저 자신을 진정시킬 다른 방법이 없단 말이에요.

미국의 생화학자 윌리엄 프레이는 감정에 의해 흘린 눈물은 물과 소금만으로 이루어진 것이 아니라, 스트레스로 인해 발생한 화학물질까지 담고 있다는 사실을 밝혀냈어요. 그러니 제 기저귀가 뽀송하기만 하다면 그냥 그러려니 하시고, 따뜻한 품속에서 맘껏 울도록 내버려 두세요.

그리고 울음은 제 생존 키트의 일부예요. 저는 완전히 미성숙한 상태로 태어났어요. 정말이지 나약해요. 그래서 위대한 자연님은 이렇게 생각했죠. "아이고, 어린 인간은 시작부터 영 상태가 별로군. 이토록 적대적인 환경에서 최대한 생존하려면 경보 시스템이 있어야겠어. 곤란한 일이 닥쳤을 때 어른들이 달려올 수 있도록 말이야."

자, 이제 진정이 될 거야.

오잉? 이건 대체 뭐죠?

"이것 봐봐, 울음을 그쳤어. 이게 도움이 됐나 봐!"

"아, 이건 정말 최고예요. 하지만 이걸로 도움을 받는 건 제가 아니라 엄마, 아빠예요. 전 마약을 복용한 록 스타만큼이나 긴장된 상태라고요!"

결론만 본다면 진정은 되겠죠. 무언가를 빠는 흡인 활동은 행복 호르몬인 엔도르핀이 뇌 속에 분비되도록 하거든요. 그리고 저는 마치 골똘히 생각에 잠긴 심리상담가처럼 차분해지겠죠. 정도는 훨씬 약하지만, 어떻게 보면 모르핀과 비슷한 작용을 해요.

"이보세요! 자식에게 엔도르핀을 투여하는 게 바로 당신들입니까?!"

"허가는 받았습니까?!"

그리고 그만큼 빠르게 중독되어서, 몇 년 이내로 제 입에서 공갈젖꼭지를 빼내려 할 때 우는 건 바로 부모님이 될 거예요!

그래서 30년쯤 지나 제게 커다란 시련이 닥쳤을 때, 사랑하는 사람의 품보다 초콜릿이나 담배에서 위안을 찾으려 할지도 모를 일이죠. 심각하네요.

공갈젖꼭지에는 꽤 많은 부작용이 있어요. 1910년 프랑스 국회에서는 쫙 빼입은 어른들이 쪽쪽이 사용을 금지하는 법안을 가결하기도 했어요. 백 년이 훌쩍 지난 지금도 10명 중 8명의 아기들이 그걸 물고 있는 걸 보니, 계획이 수포로 돌아간 게 분명하지만요!

공갈젖꼭지의 부작용 중 하나는 기분을 마음껏 표현하지 못하게 한다는 거예요. 제 입안에 쪽쪽이를 밀어 넣는 건 제 문제(사실 부모님의 문제죠)를 해결하지 못해요. 단지 제 입을 다물게 만들 뿐이거든요.

거기다 공갈젖꼭지는 언어 발달을 저해하고 발음을 어눌하게 만들 위험도 있어요.

한번 상상해 보세요. 엄마가 울고 있을 때 아빠가 실리콘 조각을 입에 물리면 어떨 것 같나요? 아마 그 길로 마케팅 부서의 귀여운 금발 청년과 새 삶을 시작했겠죠!

어... 아키카 팀리칵 팍카터여 알아는테 안 놀래따거여?*

ㅍ, ㅅ, ㅂ, ㅈ 와 같은 기본적인 자음을 발음하는 꼬마

'치아 교정용' 공갈젖꼭지도 나오긴 하지만 이름만 그럴듯하죠. 무슨 말인지 아시죠?

공갈젖꼭지는 혀와 입술을 막아서 볼 안으로 숨을 불어넣게 만들어요.

시옷 발음이 어려워지고 입안에 침 고이는 소리가 더해져서 듣는 사람의 입맛을 떨어뜨리죠.

부모님이 물려주신 아름다운 치열을 변형시킬 위험이 있다는 사실을 빼놓고 봐도 문제가 참 많죠.

*음... 아기가 심리학 박사처럼 말하는데 안 놀랐다고요?

온 세상 사람들에게 말할 거야. 아이가 자유롭게 자라게, 우리의 무릎 아래에서 마음껏 뛰어놀게 두라고…*

*싱어송라이터 피에르 바슐레의 아름다운 노래 '아이가 태어나면'의 가사

노아야, 네게 할 말이 있어.

이 말을 해봤자 네가 이해할 리는 없지만 말이야!

아빠, 아기는 이해하지 않아요. 다만 느낄 뿐이죠. 아빠의 목소리가 아까보다 심각해졌고, 턱이 뒤틀렸고, 눈빛이 달라졌고, 손길이 조금 더 거칠어졌어요. 아빠는 모르시겠지만, 제 뇌는 비언어적 소통에 있어서 미세한 변화를 짚어내는 데 선수예요! 지금은 아빠의 말을 듣고 있으니 뱃속이 답답해져요.

노아야, 내 자그마한 노아야. 내일이면 나는 너와 네 엄마를 두고 나가야 한단다. 일을 다시 시작해야 하거든. 마음이 아프구나. 지금 내가 있어야 할 자리는 쭈뼛거리는 동료들과 맛없는 커피를 마시며 바쁜 사람들이 대충 읽어치울 지루한 기사를 쓰는 직장이 아닌데 말이야.

아빠의 마음이 아픈 건 말이야. 내일 네 엄마가 출산과 육아의 고통으로 녹초가 되어서 세면대 가장자리를 붙잡고 숨을 고르며 나를 부를 때 내가 그곳에 없을 것이기 때문이야. 아빤 시끄러운 사무실에서 별로 중요치 않은 사람들과 쓸데없는 주제로 떠들고 있겠지.

그리고 네가 처음으로 웃음을 터뜨릴 때 그곳에도 없을 거야. 그때 아빤 밋밋한 양복을 입은 사람들로 가득 찬 회의실로 향하는 기차를 타고 있을 거거든.

그리고 앞으로 수년 동안 하루에 너보다 직장 동료들과 보내는 시간이 더 많아질 거야. 네가 성장하는 모습은 드문드문 지켜볼 수밖에 없을 테지. 재미라곤 없는 시시한 이야기의 주인공이 된 듯한 기분이야.

그걸 어떻게 아빠라고 할 수 있겠니?
노아야, 내 자그마한 노아야.
미안하구나.

새로운 유형과의 만남

아들아, 너는 어린이집에 갈 거란다

날이 화창하던 어느 날, 부모님은 고성을 지르면서 마치 술에 취한 캥거루처럼 거실을 이리저리 뛰어다니기 시작했어요.

로또라도 당첨된 듯 그야말로 기쁨에 '실성한' 두 사람

야호! 어린이집에 드디~어 자리가 났다! 자리가 났~어!

사회가 바라보는 어린이집은 곰 인형들이 사는 세상과 같아요! 어른들이 인형놀이를 해주고, 아기들의 장밋빛 뺨에 뽀뽀를 하면서 시간을 보낼 거라 생각하죠.

미래의 이공계 대학 수석 졸업생

미래의 대학병원 신경외과 과장

일부 부모님이 바라보는 어린이집은 천재들의 세상과 같아요. 몬테소리 수업과 단체 생활을 통해 우리 사회의 엘리트를 양성할 거라 생각하죠.

미래의 생물화학 노벨상 수상자

그리고 일부 부모님은 공동생활을 하는 어린이집이 미국 드라마 프렌즈와 비슷할 거라 생각해요. 거기서 등장인물들만 더 어려진 거죠. 그래서 어린이집이 아이를 레이첼 그린만큼이나 사교적인 인물로 길러내고, 은퇴할 때까지 끈끈하게 이어질 친구관계를 만들어 주리라 기대하죠!

그리고 음… 아이들이 바라본 어린이집은 어떤 면에선 파업에 돌입한 날의 지하철 풍경과 같아요.

마지막으로 돌봄 교육 전문가들이 바라본 어린이집은 무척이나 예민한 럭비 선수들의 모임 그 이상도, 그 이하도 아니랍니다!

실제 어린이집의 모습은… 이렇답니다!

우리끼리 얘기지만, 만약 저를 어린이집으로 보내려는 이유가 제 사교성을 길러주기 위해서라면 큰 효과를 보긴 어려워요.

찬물을 끼얹으려는 건 아니지만요. 어린이집에 들어가는 아이들은 오로지 18%에 불과해요. 그러니 만약 어린이집이 아이를 사교적으로 만들어준다면 누구도 그 효과를 부정할 수 없을 거예요. 어린이집에 못 가는 나머지 82%는 사람들과 어울리지 못하는 괴짜란 말일 테니까요!

원한다고 해서 누구나 사교적인 사람이 될 수는 없어요! 기본적으로 사교성은 기질의 문제거든요. 타고난다는 뜻이죠. 어떤 사람은 내향적인 뇌를, 어떤 사람은 외향적인 뇌를 가지고 태어나요. 제게 도심 한복판에 있는 아파트를 상속해 주거나 부모님과 똑같은 머리색을 주시는 것처럼 성격 또한 물려주시는 거예요!

미성숙한 작은 인간으로서의 저는 생의 초반에 어른과 완전히 꼭 붙어살도록 만들어졌다는 사실을 알 필요가 있어요. 저만큼이나 미완성된 아기들의 정글 속이 아니라 말이죠.

팔이 2개뿐인 어른 1명에 미성숙한 존재 5명. 여기서 잘못된 점을 찾으시오.

그뿐만 아니라, 인간을 비롯한 포유류는 같은 공간에 빽빽이 모여 살도록 설계되지 않았어요.
출퇴근길의 만원 지하철 속 상황이 어떤지 보면 알 수 있죠!

여기서 질문! 주름진 유산지컵 속에 개별 포장된 맛이 매우 뛰어난 고급 초콜릿 250그램과 벌크형에다가 품질이 제각각인 초콜릿 1킬로그램 중에서 어떤 걸 고르시겠어요?

그러니까 제가 하고 싶은 말은 이거예요. 중요한 것은 양이 아니라 질이라는 거죠.

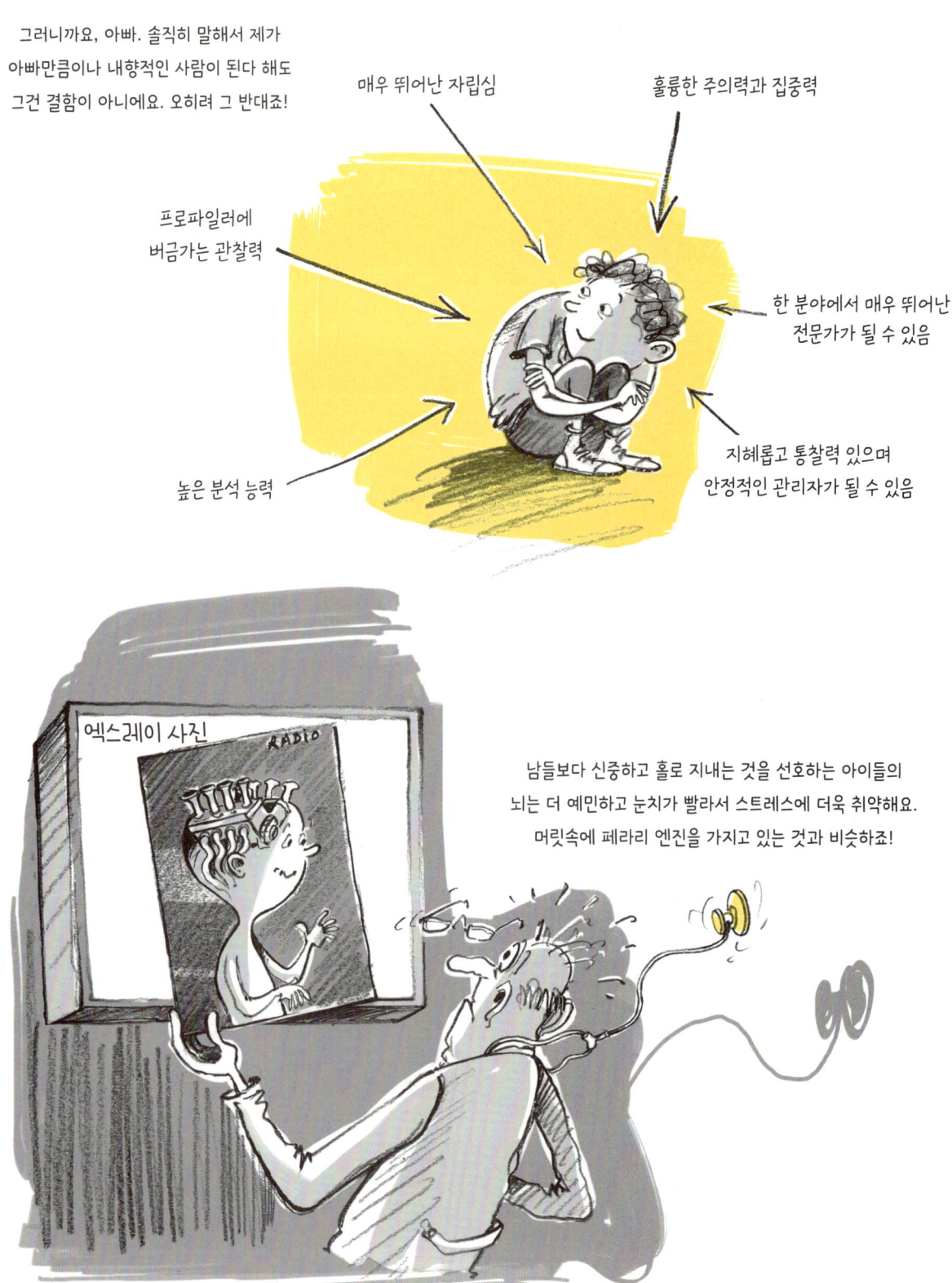

함께 잔다고요? 어림도 없습니다!

미리 경고하죠. 아이 하나만 있어도 6년간은 제대로 잠을 못 잘 겁니다. 서류에 사인하시겠습니까?

음, 저흰 그냥 강아지를 입양하는 걸로 할게요.

그래, 그래, 강아지가 낫겠다!

그런데 왜 잠에 관한 왜곡된 정보가 이렇게 많은 걸까요? 어쩌면 아직 아이 없는 부부가 부모가 되는 것에 두려움을 갖지 않도록 진실을 숨기고 있기 때문인지도 몰라요!

두 사람 아직도 노아랑 같이 잠자죠? 오드리, 전문가들이 그거 별로 권장하지 않는 건 알아요?

여보, 그냥 둬. 다 알지 그럼. 다 부모가 알아서 하는 거야.

재미있는 지적이네요, 자칭 수면 전문가님. 아주 오래전부터 새끼 포유류들은 부모와 함께 잠을 자왔어요. 암컷 토끼가 새끼들과 다른 곳에서 자는 거 보셨어요?

오케이, 내 귀염둥이들. 너희들 참 귀엽고 털도 보드라운 건 아는데, 나는 혼자 자야겠어. 그래서 굴도 따로 파놨지. 그러니까 새벽 4시에 "엄마, 여우가 무서워요." 타령은 할 생각도 마!

전 세계 이곳저곳의 수많은 아기들이 부모님이랑 함께 잠을 자지만, 그 누구도 그 사실에 대해 놀라지 않아요!

그런가 하면, 정신분석학자들도 거들었어요. 이 사람들도 애초부터 재미랑은 거리가 멀었어요!
그리고 머릿속에는 온통 거시기 생각밖에 없었고요. 《그레이의 50가지 그림자》에 나오는 그레이 씨보다 더 심하다니까요!

지금으로부터 십 년의 세월이 더 지나면,
그땐 우리가 부모님과 같이 자지 않으려 할걸요?

> 말도 안 돼!

> 진짜래!

더욱 흥미로운 사실은 국제 전문가들에게 있어 대부와도 같은 세계보건기구가 아기와 함께 자는 것을 권장했다는 거예요!

신생아의 돌연사 위험이 감소함

밤 수유가 용이해짐

아이는 부모의 존재 덕분에 신뢰와 안정감을 느낌

부모-아기 애착 관계를 촉진함

부모의 호흡에 따라 수면 패턴을 맞출 수 있음

"어른들은 정말 복잡한 것 같아!"

"내 말이 그 말이야!"

그래서 별로 어른이 되고 싶지 않기도 해요….

"지금 이 상황에서 무엇보다 놀라운 건, 대화 처음부터 줄곧 뱅상이 아닌 저를 콕 집어서 딴죽 걸고 있다는 거예요. 정말 전형적이네요. 육아에 신경을 쓰는 것도, 선택에 대한 공격을 받는 것도 엄마죠. 아빠를 비난하는 사람은 아무도 없어요. 아빠는 마치 존재하지도 않는다는 듯 말이죠!"

"어쨌든, 내 말은 나중에 노아가 절대 혼자 자지 않으려고 해도 너무 놀라지 말라고요!"

"늘 갈등을 피하고 눈에 안 띄려 노력하는 뱅상에게는 편한 일이네."

아니에요, 엄마. 엄마는 지금 그 모습 그대로 좋아요.
외모에 목숨 거는 가짜 속눈썹 아줌마가 엄마를 혼란스럽게 만든 거죠?
좋은 부모는 무슨 일이 있어도 참을성을 잃지 않고,
아이에게 소리도 지르지 않는 사람이 아니에요.
재미있는 넷플릭스 드라마를 보여주는 것 대신에
매일 아이와 잘 놀아주거나, 수요일에는 조랑말을 타러 가고
토요일에는 영국으로 여행을 가는 그런 사람도 아니에요.

제가 생각하기에 좋은 부모는, 틀리고
망설이고 실패도 겪지만 실수를
했을 때 겸손한 마음으로 아이에게
사과할 줄 아는 사람이에요.

네. 제가 생각하는 좋은
부모는 그런 사람이에요.

"아이를 그냥 울게 내버려 두세요!"

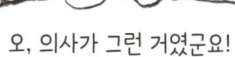

엄마 아빠의 품, 냄새, 목소리가 제 기분을 얼마나 좋게 만드는지 몰라요. 두 분의 애정은 제 뇌에서 스트레스, 심장 박동수, 호흡수를 낮춰주는 옥시토신 분비를 촉진해요. 얼마나 좋은지 몰라요….

오, 의사가 그런 거였군요! 그런데, 그 말도 어떤 면에서는 맞는 말이에요. 제가 울도록 가만히 내버려 두면 결국에는 우는 걸 멈추게 되거든요. 더 이상 엄마 아빠가 필요하지 않아서 울음을 멈추는 게 아니라, 더는 아무도 제 조난 신호에 대답해 주지 않는다는 것을 제 뇌가 깨달았기 때문이에요. 그래서 자연스럽게 작동이 중지되는 거고요.

첫 번째 생일

만 1~2세, 출항이다!

마약과도 같은 디지털 화면

"여보 저길 봐, 마음에 드나 본데?"

"달빛이 비치는 곳에 내 친구 피에로"

"뽕뽕뽕"

"캔 유 스피크 잉글리쉬?"

"뽕뽕 뾰롱 뾰롱 뽕뽕"

"자, 나랑 같이 계산해 보자!"

"말이 우는 소리는? 히이이잉~!"

물론 마음에 들죠! 이 기계는 온갖 소리와 그림을 통해, 둔해진 제 뇌에 과한 자극을 줘요. 아무것도 이해하지 못하지만 상관없어요! 어쨌든 기분은 좋으니까요!

한 시간 뒤

믿거나 말거나 제품의 홍보 문구에 따르면, 태블릿 기기를 사용한 아이는 30분마다 IQ가 20씩 올라간다고 해요.

"529의 제곱근은?"

"달팽이는 복족류예요."

"국립행정학교에 접수할 원서를 작성하려면 여기를 누르세요!"

"최초의 삼각함수표는 니카이아의 히파르코스가 만들었죠."

사실 우리에게는 두 가지 종류의 주의 체계가 있어요. 하나는 비자발적이고, 다른 하나는 자발적인 체계죠. 당신이 방에서 정말 재미있는 이 만화책을 평온하게 읽고 있고, 방의 한구석에서 조명이 깜빡거리고 있다면, 당신은 곧바로 그 빛을 쳐다보게 될 거예요. 그 조명이 제가 보고 있는 태블릿 화면 속에서 '메에에에' 하고 우는 양만큼이나 재미없는 것이라고 할지라도요!

자발적 주의 체계는 수학 문제나 정치 토론과 같은 그리 재미있지 않은 활동에 '자발적'으로 집중하게 해줘요. 우리에게 꼭 필요한 거죠!

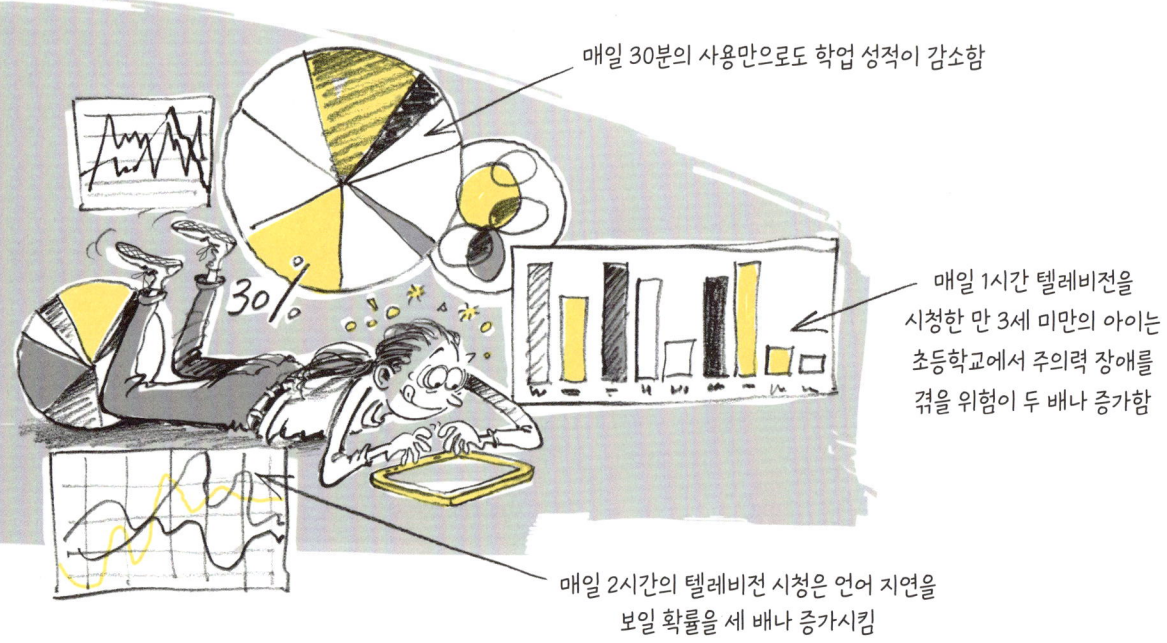

안타까운 소식은 디지털 화면은 자발적 주의력을 발달시키는 데 소용이 없다는 거예요. 하지만 자발적 주의력이 높으면 높을수록, 살아가는 동안 성공할 확률도 높아지죠. 결론은 이래요. 디지털 화면을 보면 볼수록, 명문대에 들어갈 확률은 낮아진다는 거죠. 쳇!

한편, 소아과 의사들은 이렇게 말합니다.

* 광고 카피와는 달리, 태블릿의 교육적 효과는 허울에 불과해요. 모든 건 어떻게 사용하느냐에 달려있어요!
어린아이가 화면에 코를 박고 보내는 시간이 길면 길수록, 학업 성적이 좋을 확률도 줄어들어요.

화면 속의 이 귀여운 가젤은
소과에 속하는 동물이란다.
아프리카와 아시아의 대초원에서 서식하며,
아무리 먼 거리라도 시속 90km로 달릴 수 있지.

작은 조언 하나 해드릴게요.
만약 제가 디지털 화면을 보길 바란다면,
적어도 그 앞에 저를 혼자 두지는 마세요.
제 곁에 있어주고, 책을 읽듯
어떤 내용이 나오는지 제게
이야기해 주세요!

휴…
그냥 밖에 나가서 노는 게 낫겠네!

결국 옛 성현의 말씀처럼 오래된 책보다 더 좋은 것은 없으니까요!

옛날 옛적에 다른 집들과는
하나부터 열까지 모든 게 다른
빨간색 집이 있었단다.

청각과 주의력을 발달시킴

학업 성취에
도움을 줌

언어와
어휘력 발달에
도움을 줌

독서와 책에 대한
흥미를 발달시킴

아이와 부모의
애착 관계를 형성함

스트레스를
감소시킴

문자 언어에 대한
감각을 익힘

수면을
용이하게 함

상상력과
창조력을 자극함

어느 것이 '더 약한 성(性)'인가요?

마르틴 할머니네 집

이것 보렴. 내 손자가 저렇게 쑥쑥 크는 걸 보니 꼭 뱅상 너처럼 아주 똑똑하게 자랄 것 같아!

척 보기에도 벌써 남다르잖니!

네게 이런 말을 하는 건 처음이다만, 손녀가 아니라 손자를 갖게 돼서 정말로 행복하단다. 우리 집안의 대를 이을 테니 말이야. 뱅상 네 아빠처럼 큰 책임이 따르는 직책도 맡게 될 거야!

아니거든요! 저는 이담에 크면 행복한 사람이 될 거고, 카트를 끌면서 초콜릿 케이크를 만들 거예요!

죄송해요, 할머니.
하지만 할머니는 역학에 관해선 잘 모르시나봐요.
과학적 관점에서 봤을 때,
남자아이들은 '더 강한 성'이 아니라,
오히려 그 반대예요!

남자아이는 과잉활동, 자폐,
학습장애, 언어 지연, 난독증,
실어증, 정신분열증을 가질 확률이
여자아이보다 3~4배 더 높거든요.

이보게들,
안타까운 소식이오. 지구는 둥글고,
남성은 '더 약한 성'이라오.

남자아이라는
사실은 그 자체로
위험 요인이라네.

더 약한 성
더 강한 성

더 약한 성은 여성이오!
선악과를 베어 물었던
것도 여성이니!

청소년기의 우리 남자아이들은 자동차 사고를 당하거나
스스로 목숨을 끊을 위험이 더욱 크다고 해요.
그 나이대 남자아이들의 사망률이 여자아이들보다 세 배나 높다네요!

고난은 학교에서도 이어져요.
풍족한 환경에서 자랐는데도
학업 실패를 겪는 아이들은 대부분
남자아이들이죠.
반대로 풍족하지 않은 환경 속에서도
학업 성적이 좋은 아이들은
대부분 여자아이들이고요.

프라다를 입은 악마 할머니,
남자아이들이 왜 이렇게
바다표범 새끼만큼이나
연약하고 취약한지 궁금하시죠?

이상하고 신기한 뇌

아빠, 제가 설명해 드릴게요. 엄마가 아빠한테 말할 때, 아빠의 머릿속 신경 세포들 사이로 아주 작은 전기 신호가 빠른 속도로 퍼져나가요. 이 작은 전기 신호가 굉장히 빠른 속도로 순환하는 건, 신경 세포의 축삭돌기가 미엘린으로 덮여있기 때문이에요. 반면에 제 축삭돌기들은 거의 헐벗은 상태예요!

미엘린으로 뒤덮인 축삭돌기

신경 세포의 전도 속도는 1초에 50m, 즉 시속 180km!

거의 헐벗은 축삭돌기

"아까 말한 대로 다음 주에 들를게요. 아셨죠?"

"진짜 진짜 아셨죠?"

전도 속도는 1초에 2m, 즉 시속 7km (약간 스트레스를 받은 파리 시내의 보행자와 비슷한 정도)

제가 엄마 아빠보다 느린 건 사실이에요. 하지만 인생은 돌고 도는 것. 훗날 엄마 아빠가 나이 들어 병석에 누울 때가 되면 그땐 느린 두 분 때문에 제가 답답함을 느낄 거예요!

어디서 많이 본 장면

"어서 신발 신어!"

1..2..3..4..

"아이고, 5초가 너무 길다…."

그러니 그날이 오기 전까지 매일 536번씩 '어서', '얼른'이라는 말로 저를 보채지 말아 주세요. 제게 무언가를 요구할 때는 제가 반응하기까지 5초만 기다려 주세요!

엄마 아빠는 제 뇌가 두 분의 뇌와 얼마나 다른지 상상도 못하실 거예요. 지금도 완전히 미성숙한데, 서른 살은 되어야 두 분처럼 성숙해지거든요!

안타까운 소식은 가장 마지막으로 성숙하는 뇌의 부위가 바로 이성적으로 사고하고, 감정을 다스리고, 욕구를 억제하는 곳이라는 사실이에요. 답답한 날에서 벗어나려면 한참 남았다는 말입니다!

그래서 제 감정은 격하고 그 기복은 톱니바퀴처럼 들쭉날쭉한 거예요. 제 뇌는 마치 국회에서 꾸벅꾸벅 졸고 있는 국회의원만큼이나 무능하죠. 그래서 감정들을 제대로 제어할 수 없어요. 정확히 3분 동안 제가 느끼는 감정은 이렇게 다양하게 변할 수 있어요.

"직원 여러분. 지금부로 삐뽀삐뽀가 지나다닐 수 있게 은행 입구 앞에는 뛰뛰빵빵이를 대지 않도록 합시다. 아시겠죠?"

네 번째 팁은 엄마 아빠도 평소에 말을 주의해서 쓰는 거예요. 가능한 한 풍부하고 정확한 어휘를 사용하는 게 중요해요!

"새끼 오리가 맞는 표현이란다!"

"오리 쪼꼬미들 좀 보세요!"

부모 학교 홍보학 수료

우등생

하지만 너무 과하면 안 되겠죠!

또는…
조강 기러기목 오리과
동물이라고도
부를 수 있겠지.

다섯 번째 팁은 영국 여왕이라도 된 것처럼
자기 자신을 3인칭으로 부르지 않는 거예요.
제가 '나는', '너는'으로 시작하는
문장을 배워야 하니까요!

엄마는 다시 오겠노라. 엄마는 지금부터
버킹엄 궁전으로 노아의 턱받이를 찾으러 가겠다.

그걸 다시 말하면… '나'는 '너'의
턱받이를 찾으러 간다는 거죠?

마지막 팁은 디지털 화면, 공갈젖꼭지, 전자 장난감,
끊기지 않는 배경음악을 피하는 거예요.

발음 교정사가 본다면 기겁할 장면

공쿠르 문학상은
따 놓은 당상일 리 없음

물웅덩이 실험

(최소) 기원전 597년 이래로 부모가 가장 즐겨 쓰는 문장

자, 서둘러! 이러다 어린이집에 늦겠다!

지금 이 순간을 300% 즐기는 운 좋은 녀석

물웅덩이에 뛰어들어.
이건 명령이야!

제 뇌는 물웅덩이에 뛰어들도록 설계되어 있어요. 물웅덩이만 보면 제 의지보다 더 큰 힘이 저를 어쩔 수 없이 그 속으로 뛰어들게 만들어요!

또 제 뇌는 미끄럼틀을 반대로 타고 올라가고, 울타리를 넘고, 단단한 사물을 두드리고, 매트리스나 소파처럼 말랑말랑한 표면 위에서 뛰도록 설계되어 있답니다.

미끄럼틀을 반대로 타고 올라가! 너는 계단을 올라가는 것보다는 경사면을 타고 올라가도록 만들어졌단다!

가정교육을 잘못 받았다고 생각하는 중

운동능력을 발달시키고 자신감을 키우는 중

이봐! 이거 정말 재미있어 보인다. 위로 올라가 봐!

낮은 탁자 위를 올라가는 것도 빼놓을 수 없죠! 낮은 탁자는 정말 재밌어요!

행동유도성이라고도 하는 어포던스(affordance)는 우리 뇌에 신호를 보내 어떠한 행동을 유도하는 모든 사물이 가지는 물리적 특성을 말합니다!

결론적으로, 저는 물웅덩이에 뛰어들고 싶은 게 아니에요. 그럴 필요가 있는 거죠! 엄마 아빠가 제 뇌가 시키는 일을 못 하게 할 때 두 분이 가로막는 건 제가 아니라 바로 열심히 발달하고 있는 제 두뇌랍니다.

과거를 추억하는 아빠의 속사정

오늘 엄마는 저녁 늦게 들어올 거야. 그러니 우리가 엄마한테 맛있는 저녁을 차려주자!

사실 말이야, 요즈음 엄마와 함께 지내는 게 쉽지 않네.

저도 알고 있었어요. 엄마 아빠의 대화를 거의 알아듣지는 못하지만, 서로의 의견이 부딪고 있다는 사실은 느낄 수 있거든요.

아이가 태어나면 부부의 일상에 커다란 변화를 불러온다고들 하던데, 이 정도일 줄은 꿈에도 몰랐어!

다들 겪는 일이에요, 아빠. 부부가 아이의 출생으로 인해 발생하는 어려움에서 벗어나는 데 평균 2년 정도 걸린다고 해요. 어떤 사람들에게는 그 기간이 6개월일 수도 있고, 또 어떤 사람들에게는 4~5년이 될 수도 있죠!

어쩌면 엄마는 방치되었다고 느끼는 건지도 몰라요. 제가 태어난 이후로 아빠의 삶은 온통 저로 가득 찼고, 하루아침에 아빠의 관심은 엄마가 아닌 오로지 제게로 쏠렸으니까요.

내가 네 엄마를 화나게 만드나 봐. 내가 입을 열 때마다 네 엄마의 기분이 상하는 것 같아!

초록 채소를 먹고 죽은 게 오늘로 벌써 열 명째야.
더 큰 피해를 막으려면 뇌 속에 새로운 명령어를 추가해야겠어.
초록색 음식에 대해서 거부감을 느끼도록 말이야.

네! 부모님들은 골치 깨나 썩겠네요!

전 일본식 구운 가지볶음에 바삭한 땅콩으로 할게요.

그럼 전 마카로니와 빵으로 주세요!

하하 농담입니다!

우리 아이들은 초록 채소를 좋아하지 않아요.
우리 뇌는 그걸 의심하도록 설계되어 있거든요!

너무 걱정하지 마세요. 비록 지금은 초록 채소를
거들떠보지도 않지만, 성인이 되어서도 그러진 않을 테니까요.
사람의 입맛은 살면서 계속해서 바뀌거든요!

사실 나도 강낭콩 별로 안 좋아해. 이런 것도 유전인가?!

재밌네. 노아가 안 먹는 게 어디 강낭콩뿐이야?
아무것도 안 먹으니 문제지!

아니에요, 엄마. 아무것도 안 먹는 게 아니에요.
엄마가 원하는 만큼 먹지 않는 것뿐이라고요!

엄마는 제가 오늘 뭘 먹었는지 상상도 못할걸요! 지금까지 저는 빵 3조각, 치즈 1조각, 강낭콩 3개, 사과 반쪽을 먹었어요. 제 몸무게에 비교한다면 이건 엄청난 양이에요!

그거 아세요? 엄마가 억지로 제게 음식을 먹이려고 할수록 저는 덜 먹게 돼요. 목이 메고, 속은 더부룩하고, 식욕은 뚝 떨어지고, 음식이 맛없어 보이게 돼요.

게다가 이렇게 앉은 자세는 어린아이에게는 너무 불편해요. 얼마나 불편한지 아마 상상도 못하실 거예요! 저절로 식욕이 감퇴된다고요!

세무공무원처럼 이제껏 모든 걸 통제하는 데 익숙한 걱정 많은 엄마, 엄마도 잘 해내고 싶어 한다는 걸 알아요.
하지만 제가 아이로서 필요로 하는 건 완벽한 엄마가 아니라 때론 내려놓을 줄도 아는 엄마예요!

아, 맞다! 네가 어렸을 때 하도 밥을 안 먹으려 해서 내가 얼마나 상심했었는지 모르지?

지금의 너는 나보다 세 배는 더 많이 먹고 있는데 말이야!

작은 팁 하나 드릴까요?
지금의 제 행동 중 하나가 엄마를 짜증나게 만든다면,
20년이 지난 후에 그것에 대해 절 나무라는 상상을 해보는 거예요!

제가 유치원에 입학할 날이 다가오는 지금, '내려놓는 법'이 궁금하시다면 스페인 소아과 의사 카를로스 곤잘레스가 한 말을 마음에 깊이 새겨보시길 바라요.

내가 할아버지가 된 지금, 아직 부모에 불과한 모든 사람들에게 말하고 싶은 것이 있습니다. 평정심을 찾으세요! 아이가 안아줘야만 잠이 들고, 채소는 먹지 않고, 아직도 걸음마를 못 떼서 불안하겠지만, 지금의 모든 걱정은 다 한때에 불과한 것입니다.

삼십 년이 지난 뒤에는 당신 삶의 가장 행복했던 추억으로 남을 테죠. 그러니 아이를 바꾸려는 노력은 멈추고, 그저 행복하기만 하세요. 아들이나 딸로서는 평생이지만, 아기의 시간은 너무나도 빨리 지나가니까요!

카를로스 곤잘레스
로스피탈레트 데 요브레가트에서, 2018년 10월

하지만 그게 다는 아니에요. 무엇보다 생리적으로도 제가 준비되어 있어야 하죠.
그러려면 기저귀가 아직 더 필요해요! 제게 압박을 가할수록 제 몸은 고장 난 로봇처럼 삐걱댈 수 있어요!

첫 번째로 명심할 것은 아이마다 속도가 다르다는 걸 인정하는 거예요. 그러지 않는다면 엄마 아빠는 결국 신경안정제를 먹어야 할 거예요. 유치원에 들어가는 건 지금으로부터 5개월 후의 일이에요. 제 인생의 6분의 1에 달하는 기간이죠. 참으로 긴 시간이에요!

게다가 실제로 용변 실수는 소규모 어린이집에서도 매우 빈번하게 일어나는 일이라 선생님들도 이해하고 넘어가곤 해요. 변기에 앉은 친구들을 보고 하루아침에 기저귀를 뗄 의지가 솟구치는 아이들도 있다는 사실을 잊지 마세요!

다섯 번째로 명심할 것은 만약 용변 실수가 잦다면 그건 제가 아직 준비되지 않았다는 거예요. 그땐 다시 기저귀를 채주고, 팬티는 몇 주가 더 지난 뒤에 입혀주세요. 서로 스트레스 받지 않게 말이죠!

아이가 대소변을 안정적으로 가리기까지는 3개월에서 6개월이라는 시간이 걸려요. 그러니 애초에 한 발짝 앞으로 나가면 뒤로는 523발짝 갈 마음을 먹으세요!

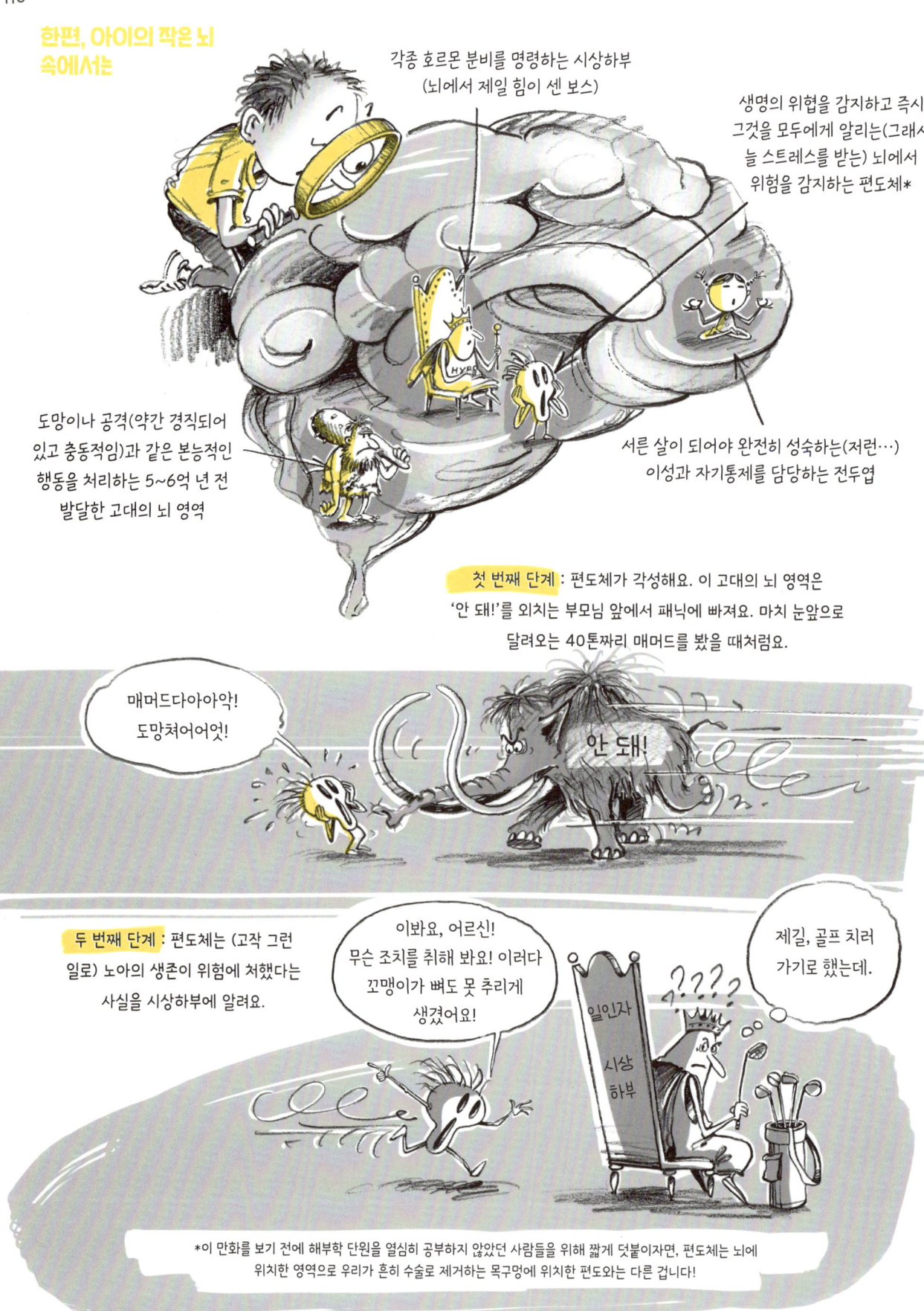

111

세 번째 단계: 시상하부가 스트레스 호르몬을 분비해요.

스트레스 호르몬들 풀어! 다 튀어나가!

시상하부

(너무 친절하게도) 노아의 생존 확률을 최대치로 끌어올리려고 함

봇물 터지듯 쏟아져 나오는 스트레스 호르몬

네 번째 단계: 과해요. 너무 과해요. 호르몬이 폭주해서 감정이 불꽃놀이처럼 팡팡 터지고 있어요!

과 열

말 그대로 분통이 터지는 뇌

다섯 번째 단계: 모든 게 다 터져나가면 그때 '고대의 뇌'가 바통을 이어받죠.

몽둥이찜질을 받아라! 다들 도망가는 게 좋을걸!

나라면 이 격양된 꼬맹이를 더 잘 다스릴 수 있었을 테지만, 나는 아직 성숙하지 않았어. 27년 후에 다시 내게 연락해.

완전히 고삐 풀림

시상하부

카운트다운 들어갔다, 3… 2… 1…

"아빠가 어렸을 땐 말이야."

노아야, 너를 어른이라고 생각하고 이야기를 들려줄게. 너도 열 단어 중에 하나 정도는
알아들을 수도 있겠지만 그냥 해야겠어. 달리 아이의 단어로는 어떻게 말해야 하는지 모르겠거든.

아빠도 삼십여 년 전에는 너처럼 작은 남자애였단다.
네가 마트에서 그랬던 것처럼 어렸을 때의 내가 난리를 부렸더라면, 아마
나는 엄청 힘들었을 거야. 내 부모님은 나를 때리거나, 창피를 주거나,
으름장을 놓았을 것 같거든. 내가 '못된 아이'라면서 내게 고래고래
소리를 지르고, 매장 출구까지 내 팔을 질질 잡아끌고 갔을지도
모르지. 감정을 통제하지 못한다는 이유로 그런 고통을 받을
이유는 없는데 말이야. 아이가 다 그런 거 아니겠어?

아빠가 어렸을 땐 달래주기 위해 품에 안아주는
사람도 없었고, 무슨 짓을 하든, 무슨 일이 있더라도
나를 사랑해 줄 거라고 말해주는 사람이 없었어.
그땐 그 말이 필요했던 건데. 내가 언제든 부모님을
믿어도 되는지 확신할 필요가 있었던 거거든.

그렇다고 지금 네 할머니 할아버지를 원망한다는 말은 아니야.
두 분이 나를 사랑하지 않아서 그러셨던 게 아니거든. 전혀!
두 분의 방식대로 나를 사랑했던 거야. 그 당시 사람들은 그렇게 육아하는 거라고 배웠어.
오랫동안 사람들은 엄격하고 권위적인 환경에서 자라야 아이들이 가장 잘 자란다고
믿었거든. 반대로 너무 온건하게 대하면 아이가 폭군처럼 제멋대로 자랄까 봐 걱정했지.
그냥 내가 시대를 잘못 타고난 것 같아.

어떤 사람들은 엉덩이 좀 때린다고 해서 아이가 죽는 것도 아니고,
때론 매가 약이라고 말하곤 해. 그 정도의 매로 사람이 죽지 않는 것도 사실이지.
하지만 아무리 가벼운 것이라 해도 폭력은 사람을 더욱 불안정하고 취약하게 만들어.
그걸 겪었더라도 여전히 그 사실을 깨닫지 못하기도 해. 하지만 아빠는 어릴 때의 폭력이
나 자신과 타인에 대한 신뢰감을 심하게 무너뜨렸다는 걸 알아. 그래서 오로지
자기 자신만을 믿는 사람으로 자랐거든. 이렇게 어른이 된 지금, 아빠는 이 세상에
그 어떤 아이도, 그 아이가 무슨 일을 했든 맞거나 창피를 당해선 안 된다고 확신해!

소중한 내 노아야,
내가 이런 말을 하는 건 초보 아빠이지만
진심을 다해 네게 어떤 폭력도
가하지 않겠다고 약속하기 위해서야.
그리고 네가 나를 신뢰할 수 있도록
매일 최선을 다할 거야.
방금 우리에게 있었던
그런 어려운 순간에는
더더욱 그럴 거야!

와… 가엾은 우리 아빠! 아빠가 겪었던 위협, 고함, 체벌, 창피와 같은 것들을 가리키는 말이 있어요. 바로 '일상적 교육 폭력(VEO)'이에요.

그 예는 우리 일상에서 아주 많이 찾아볼 수 있어요!

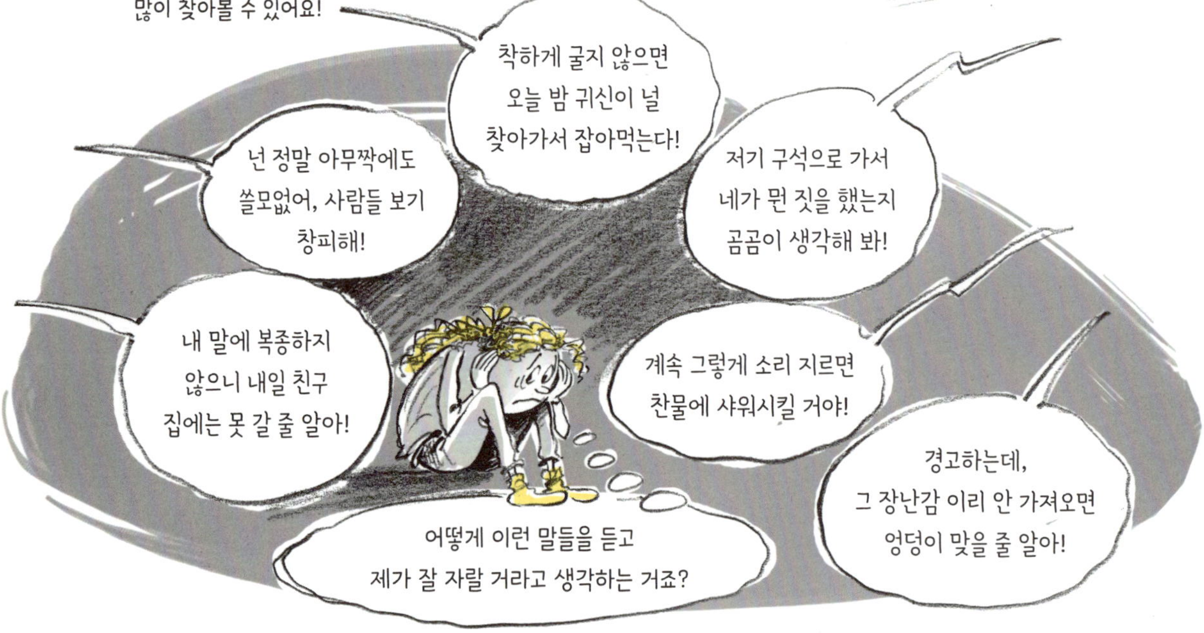

착하게 굴지 않으면 오늘 밤 귀신이 널 찾아가서 잡아먹는다!

넌 정말 아무짝에도 쓸모없어, 사람들 보기 창피해!

저기 구석으로 가서 네가 뭔 짓을 했는지 곰곰이 생각해 봐!

내 말에 복종하지 않으니 내일 친구 집에는 못 갈 줄 알아!

계속 그렇게 소리 지르면 찬물에 샤워시킬 거야!

경고하는데, 그 장난감 이리 안 가져오면 엉덩이 맞을 줄 알아!

어떻게 이런 말들을 듣고 제가 잘 자랄 거라고 생각하는 거죠?

자기 자신에게도 폭력적으로 대할 위험이 더욱 큼

행동 장애

감정 통제의 어려움

공격성

스트레스 조절의 어려움

자존감 낮음

공감 능력 부족

우울증과 같은 정신 건강 문제

오늘날 이 문제에 대한 관심이 높아진 건, 일상적 교육 폭력의 장기적인 영향에 대해 더욱 잘 알게 되었기 때문이에요.

그래서 뭐! 가끔 엉덩이 몇 대 때린다고 큰일이 나는 것도 아니잖아!

앞서 살펴본 종류의 폭력들은 우리 뇌의 일정한 영역의 성숙을 늦춰요. 특히 '안와전두피질'이라는 곳을 말이죠. 우리 눈 바로 뒤에 위치한 작은 부분이에요.

정말 안타까운 게, 이 ORC는 사회적인 삶을 살아가는 데 있어 매우 중요한 역할을 하거든요! 우리가 감정을 조절하고, 분노와 같은 격한 반응은 누그러뜨리고, 타인과 공감하고, 도덕성을 발달시키도록 해주는 게 바로 이 안와전두피질이에요.

한 달에 평균 2대의 엉덩이를 맞은 아이들 2641명의 유형을 분석한 연구에 따르면, 이들이 만 5세가 되었을 때 한 번도 엉덩이 매를 맞지 않은 아이들에 비해 훨씬 더 폭력적인 성향을 보였다고 해요.

아이의 작은 뇌는 하루하루 경험하는 것에 기초하여 형성되고 발달하는 만큼 매우 약하다는 사실을 알아야 해요. 머릿속에 각인되는 경험은 가장 아름다운 것보다는 가장 많이 반복되는 것이거든요. 그러니 여러분과 같은 어른들의 책임이 막중해요!

스웨덴은 1979년부터 아동에게 모욕을 주는 것을 법으로 금지했어요. 반면 프랑스는 세계에서 신체 및 정신적 폭력을 금지한 걸로는 56번째 국가예요. 세상에, 56등이라니. 너무 뒤처진 거 아닌가요!

대부분의 아이들은 더도 말고 덜도 말고 부모를 그대로 닮아요! 폭력적으로 행동하는 부모를 둔 아이 역시 폭력적으로 자라날 위험이 크죠.

그리고 반대의 경우도 마찬가지죠! 다정다감하고 협조적인 부모를 둔 아이는 타인에게도 다정다감하고 협조적으로 자라요. 부모는 아이의 거울이니까요!

아빠, 아이를 매일 돌보는 건 정말 어려운 일이에요. 세상에 완벽한 부모는 없죠. 모든 부모는 종종 예상에서 벗어난 일을 경험해요. 부모가 된다는 건 때로는 자기 통제력을 잃고, 후회하고, 사과하고, 유턴을 하고, 망설이는 것과 같거든요. 정말로 위험한 것은 앞서 말한 폭력이 반복되는 거예요.

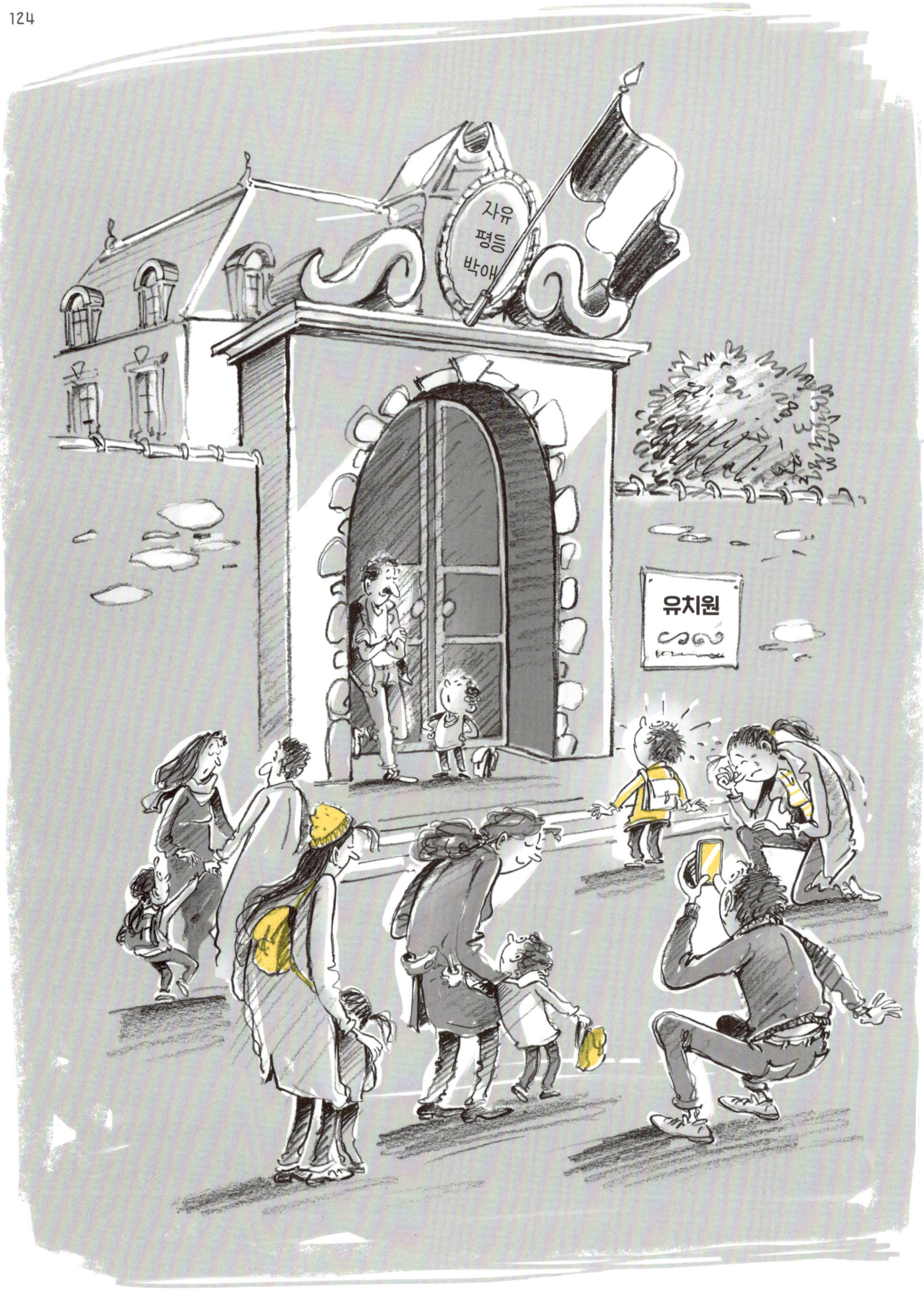
자유
평등
박애
유치원

용기를 내세요, 엄마 아빠. 다 잘될 거예요.
제가 없는 동안 제 존재가 그리울 때면
제가 어제 입었던 티셔츠 냄새를 맡으세요!

한결같은 두 분의 애정이 앞으로의
제 삶에 필요한 토대를 만들어 줬어요.

감사해요!

옮긴이 이수진

성신여자대학교에서 불문학과 영문학을 전공하고,
이화여자대학교 통역번역대학원 한불번역과를 졸업했다.
현재 다양한 분야에서의 번역 경험을 바탕으로,
출판전문 에이전시 바른번역 소속 번역가로 일하고 있다.
옮긴 책으로 그림책 『어느 날, 곰 두 마리』,
청소년 철학도서 『누가 나르시시스트일까?』,
『행복은 어디에서 오는 것일까?』,
『다 널 위해서 그런거야!』 등이 있다.

엄마 아빠도 모르는
0~3세 베이비 심리

초판 인쇄 2023년 12월 5일
초판 발행 2023년 12월 10일

글쓴이 엘로이즈 쥐니에
그린이 크리스토프 베스
옮긴이 이수진
펴낸이 조승식
펴낸곳 BH balance & harmony
등록 1998년 7월 28일 제22-457호
주소 01043 서울시 강북구 한천로 153길 17
전화 02-994-0071
팩스 02-994-0073
블로그 blog.naver.com/booksgogo
이메일 bookshill@bookshill.com
ISBN 979-11-5971-536-5
정가 15,000원

- BH balance & harmony 는 도서출판 북스힐의 그래픽 노블 임프린트입니다.
- 잘못된 책은 구입하신 서점에서 바꿔드립니다.